MÉMOIRES

PRÉSENTÉS

A L'INSTITUT.

IMPRIMERIE DE H. PERRONNEAU.

MÉMOIRES
PRÉSENTÉS
A L'INSTITUT,

Sur la distillation du Bois et l'emploi de ses produits;

PAR J. B. MOLLERAT,

ET RAPPORTS

Faits à ce sujet à la classe des Sciences naturelles, par MM. BERTHOLLET, FOURCROY et VAUQUELIN;

SUIVIS

De quelques notes sur la même matière.

A PARIS,

CHEZ MAD. V^e. BERNARD, LIBRAIRE, QUAI DES AUGUSTINS, N°. 25.

M. DCCC. VIII.

MÉMOIRE

Sur la distillation du Bois dans l'appareil de J. B. Mollerat, *et sur les applications qu'il fait des divers produits de cette opération dans la manufacture de Pellerey près Nuits, département de la Côte-d'Or.*

Lu à l'Institut le 11 janvier 1808.

Emploi du bois.

Un mètre cube de charbonette de diverses essences, chêne, charme, hêtre, etc., après 15 mois de coupe, pèse 325 à 350 kilogr.

Cette quantité de bois donne, par l'ancien procédé, la suffocation sur terre, 40 à 50 kilogr. de charbon, c'est-à-dire environ 15 pour cent.

La même quantité donne dans la charbonière 95 à 100 kilogr., c'est-à-dire environ 30 pour cent.

Le charbon de cette opération n'ayant point eu de communication avec l'atmosphère, est parfaitement sec; il est très-inflammable, très-propre à faire de la poudre de guerre; il évapore un dixième d'eau de plus que celui fait sur terre.

La consommation dans les foyers de l'appareil pendant la distillation, est égale au huitième du bois que renferme le vase.

Si cette machine de grande dimension, étoit généralement adoptée pour la carbonisation, les forêts de l'Empire produiroient deux quantités de charbon comme celles qu'elles donnent aujourd'hui; et la France, loin d'être obligée d'acheter annuellement 100 millions de fer de ses voisins, pourroit vendre, chaque année, pareille quantité de son superflu.

Produits simples.

Emploi immédiat de l'acide pyro-ligneux.

Outre les 100 kilogr. de charbon, un mètre cube de bois donne environ cent litres d'acide pyro-ligneux, et 25 à 30 kilogr. d'huile épaisse.

Le pyrate.

Le pyrate est une dissolution de fer, que j'ai ainsi nommée; son usage dans la teinture remplace six quantités de dissolution de fer dans le vinaigre d'Orléans ; sa richesse, comparée à celle du sulfate de fer, est dans une proportion plus considérable encore, eu égard au prix.

Le pyrate a, sur les deux combinaisons auxquelles il doit être comparé, les avantages de fixer plus solidement les couleurs, et de leur donner plus d'éclat, en conservant cependant la souplesse des étoffes et leur durée.

Emploi de l'huile épaisse.

L'huile épaisse, séparée de l'acide pyroligneux, est employée dans tous les foyers de ma manufacture ; elle est de tous les combustibles, le plus riche et le plus commode à consommer.

Cette huile, avec une addition de 20 p. 100 de résine de pin, sert aux mêmes usages, et a les mêmes propriétés que le goudron de bois gras.

Il est donc possible à la France d'affranchir sa marine du tribut qu'elle paie au nord de l'Europe, pour avoir du goudron.

Produits indirects ou composés, dont la source est dans le travail de l'acide pyro-ligneux.

1°. *L'acide acéteux à tous les états.*
2°. *Le carbonate de soude.*
3°. *L'acétate de soude.*
4°. *L'acétate de potasse.*
5°. *L'acétate de cuivre.*
6°. *L'acétate d'alumine.*
7°. *Le muriate d'alumine.*
8°. *L'acétate de barite.*
9°. *La barite.*
10°. *Le blanc de zinc.*

Outre ces produits je pourrois faire encore :

1°. *L'acétate de plomb.*
2°. *Le blanc de plomb.*

Mais on verra qu'en donnant l'acétate d'alumine, le muriate d'alumine et le blanc de zinc, j'ai voulu offrir aux arts les moyens de remplacer les préparations d'un métal dangereux, par des matières, dont les qualités sont certainement supérieures à celles des produits du plomb.

Enfin, de nombreux essais me font espérer de pouvoir appliquer l'acide pyro-ligneux à plusieurs préparations propres au tannage et à l'hongroyage des cuirs.

1°. *L'acide acéteux ou acétique.*

La manufacture que je dirige produit beaucoup d'acide acéteux, dont la concentration, la beauté et l'agréable saveur, doivent en faire l'objet d'un précieux commerce.

Cet acide est sans couleur, et assez fort pour remplacer l'acide acétique dans tous ses emplois.

Sa richesse est telle, qu'il faut l'unir à sept parties d'eau pour les usages domestiques; encore reste-t-il plus fort d'un dixième que celui de Gouvenain, déja supérieur à celui de Maille.

Sa saveur est d'une fraîcheur et d'une netteté qui n'appartiennent à aucun autre vinaigre.

Sa pureté assure sa durée et garantit sa salubrité.

La manufacture a fait des efforts pour plaire à tous les goûts, et même aux fantaisies des consommateurs; elle ajoute à ses vinaigres toutes sortes de parfuns, quelques uns très-précieux et inusités, et enfin celui même du vinaigre de vin.

La qualité et la richesse de cette matière la rendent transportable, sous un petit volume, dans toute l'Europe et sur toutes les mers.

L'Angleterre, la Russie, l'Allemagne et l'Italie, n'ont pour vinaigre que de mauvaises liqueurs foibles et souvent putréfiées.

Ceux-là seuls qui ont passé les mers, vu l'Inde ou l'Amérique, se feront une juste idée de la valeur qu'on attacheroit sur les vaisseaux, et dans ces pays, à un vinaigre imputrescible et fort. L'orange aigre et le citron ne remplacent pas cet acide; leur jus exprimé pour être transporté se pourrit facilement.

La fabrication de cet acide de première nécessité s'établit déja dans la manufacture, pour une production annuelle de 600,000 bouteilles de vinaigre d'un dixième plus fort que celui auquel on l'a comparé plus haut, pour la force seulement.

2°. *Le carbonate de soude.*

Le Gouvernement et les particuliers ont senti depuis longtems l'inconvénient de tirer de la Russie, de la Pologne, de l'Allemagne et des États-Unis d'Amérique, la plus grande partie de la potasse qui est comsommée en

France; comme aussi de payer à l'Italie, à l'Espagne, à la Sicile, à l'Égypte la soude employée dans nos arts. A diverses époques le Gouvernement, pour affranchir l'Etat de cette énorme dépense, a stimulé par des assurances d'encouragement l'industrie des hommes qui auroient pu établir des procédés économiques pour fabriquer artificiellement de la soude par la décomposition du sel marin.

Aujourd'hui mon atelier remplit ces vues; dès ce moment, il peut fournir chaque année 250 milliers de carbonate de soude de la plus grande pureté. Si l'on veut multiplier les appareils du genre du mien, rien ne peut s'opposer à ce qu'on ne fabrique en France toute la soude qui s'y consommera, même celle qui seroit nécessaire pour tenir la place de la potasse dans presque tous les cas.

3°. *L'acétate de soude.*

L'acétate de soude, moins employé que l'acétate de potasse dans la médecine, mériteroit cependant la préférence sur ce dernier, dont la déliquescence rend le dosage toujours incertain.

Le prix, auquel je le donne, devroit le faire adopter comme purgatif; il est plus doux que les sels minéraux.

4°. *L'acétate de potasse.*

La cristallisation de l'acétate de potasse présente quelques difficultés de plus que celle de l'acétate de soude; cette raison fait souhaiter que la médecine fasse plus d'usage de ce dernier sel, si, d'ailleurs, il n'existe aucune différence entre les propriétés médicinales de chacun d'eux.

Quoi qu'il en soit, ma fabrique donnera aussi l'acétate de potasse à un prix inférieur à celui qu'il a dans le commerce.

5°. *L'acétate de cuivre.*

L'acétate de cuivre qui se fabrique par mes procédés, est une matière dont la forme et une partie des propriétés, ont été inconnues jusqu'à ce jour. Ce sel est en petits cristaux, peu solubles à froid, d'une nuance plus vive que les cristaux de Vénus ; il fournit l'acide acétique comme l'acétate de cuivre de Montpellier, et m'a paru propre à donner des vernis plus beaux que lui.

Je pense que les arts, trouvant parmi les produits de mon atelier, l'acide acétique suffisamment fort, sans odeur empyreumatique et à bas prix, n'emploieront plus l'acétate de cuivre que pour faire des vernis.

6°. *L'acétate d'alumine.*

L'acétate d'alumine sans couleur, est une matière desirée depuis longtems par les fabriques d'indiennes; leur procédé pour se le procurer par la décomposition du sulfate d'alumine et de l'acétate de plomb, a les inconvéniens de dissiper une assez grande quantité d'acide acéteux, de produire en résidu du sulfate de plomb sans utilité, et de ne pas toujours donner un résultat incolore.

J'ai analysé récemment de l'acétate d'alumine, parvenu d'Angleterre en France, par une prise arrivée au Hâvre il y a quelques mois; cette matière est plus foible en densité que celle que je donne; sa couleur est celle de la bière foncée, conséquemment elle doit salir les étoffes; enfin, elle contient plusieurs sels qui peuvent nuire à l'usage de l'acétate d'alumine.

Ce produit pourra donc remplacer presqu'absolument l'acétatede plomb qui n'est pas sans dangers pour ceux qui travaillent à sa fabrication, et pour ceux qui l'emploient; il doit offrir aux manufacturiers des facilités dans l'application, et de l'économie.

7°. *Le muriate d'alumine.*

Si les manufacturiers de papiers peints et les autres fabricans de laques artificielles, adoptent l'usage de ce sel, il leur fera supprimer la potasse qu'ils emploient pour précipiter l'alumine colorée dans la dissolution de l'acide sulfurique ; ils pourront alors substituer à cet alcali très-cher, la chaux, ou le carbonate de chaux, suivant les divers cas.

Le muriate d'alumine peut encore remplacer l'alun dans la teinture des étoffes.

8°. *L'acétate de barite.*

En n'offrant l'acétate de barite que comme réactif à la chimie, je croirois lui avoir trouvé un bon emploi, car il il me semble d'un usage préférable à celui du muriate qui est usité ; mais j'espère en outre, que les arts manufacturiers, sauront bientôt se servir de cette précieuse matière.

Je compte donner l'acétate de barite desséché, pour qu'il soit facilement transportable.

9°. *La barite.*

La chimie souhaite de pouvoir disposer de la barite pure ou seulement carbonatée ; je crois devoir assurer que cette terre aura dans les arts des usages directs, que je n'ai encore pu qu'entrevoir, mais qui doivent être aussi utiles que ceux qu'on a cru possible d'en retirer, lorsquon s'est obstiné à vouloir s'en servir pour décomposer le muriate de soude.

Je pourrai donner la barite, soit pure, soit unie à l'acide carbonique ; mais j'attends pour l'annoncer publiquement, que j'aie moi-même indiqué les emplois qu'elle doit avoir. Les principaux essais, à cet égard, doivent se faire dans une manufacture éloignée de la mienne.

10°. *Le blanc de zinc.*

Guyton-Morveau et quelques autres hommes éclairés, ont manisfesté le vœu de voir substituer l'oxide blanc de zinc dans la peinture à celui de plomb.

Des expériences faites sur les vaisseaux de l'Etat, sous l'ancien régime, ont fait connoître que le blanc de zinc, avoit une nuance plus pure que celui de plomb ; que son éclat ne se ternissoit pas comme celui de cet oxide qui jaunit facilement à l'air, et qu'à quantités égales en poids, il couvroit plus de superficie que la préparation du métal auquel on le compare.

En ajoutant à toutes ces considérations, celle plus importante encore de la salubrité, j'ai lieu d'espérer que le jugement des hommes éclairés qui doit influencer les habitudes de la société, déterminera l'usage en faveur de l'oxide de zinc.

Tous ces arts nouveaux reposent sur deux bases.

L'une, la machine qui sert à distiller le bois, pour laquelle j'ai pris un brevet d'invention en l'an 12, époque à laquelle j'ai remis sur ses principes et ses constructions un mémoire au Ministre de l'Intérieur.

L'autre, la manière de disposer de l'acide acéteux contenu dans la liqueur produite par la distillation du bois, pour laquelle j'ai pris un second brevet d'invention il y a dix-huit mois.

Depuis l'an huit, je suis occupé à réduire en pratiques manufacturières, les apperçus que j'avois sur les diverses applications que je viens de faire connoître. Tous les appareils et les procédés que j'emploie sont nouveaux; plusieurs sont sans modèle dans les arts, et peuvent en servir; je n'ai dû les succès que j'ai obtenus en travaillant sur des masses immenses, qu'au moyen d'une perfection d'exécution, qui sera souvent jugée exagération ruineuse, par ceux qui verront mes atetiers sans approfondir la nature des difficultés qu'il falloit vaincre; aujourd'hui toutes les parties de cette manufacture, marchent avec sûreté et facilité.

Ier. RAPPORT

Fait à l'Institut, dans sa séance du 15 février 1808, sur l'établissement de MM. Mollerat; par MM. Fourcroy, Vauquelin *et* Berthollet.

MM. Mollerat ont presenté le 11 janvier 1808 à l'Institut un mémoire dans lequel ils annoncent qu'ils ont formé à Pellerey près Nuits, département de la Côte-d'Or, un établissement où ils carbonisent le bois très-en grand dans des appareils fermés, et en tirent des produits précieux qui sont perdus dans les procédés ordinaires.

Ils annoncent encore qu'outre ces produits, ils obtiennent deux fois autant de charbon que par les moyens vulgaires ; que la consommation dans les foyers de l'appareil pour carboniser une quantité de bois quelconque, n'en est que la 8e. partie en poids ; que leur charbon est d'une qualité excellente, puisqu'il évapore un dixième d'eau de plus que le charbon commun.

De là il s'ensuivroit qu'en adoptant cette méthode de carbonisation, on ménageroit les forêts, on mettroit les maîtres de forge dans la possibilité de fabriquer une quantité de fer double de celle qui se fait annuellement ; que l'on dispenseroit le Gouvernement et les marchands de faire sortir de France des sommes considérables d'argent pour l'achat des fers, enfin que les arts qui consomment du charbon jouiroient tous de l'heureuse influence de cette entreprise.

Mais comme nous n'avons point vu cet établissement, ni suivi les opérations qui s'y exécutent, nous ne pouvons en apprécier les avantages à leur juste valeur ; ainsi quoiqu'il soit vraisemblable qu'une pareille entreprise bien dirigée dans toutes ses parties puisse devenir utile, relativement à l'économie des bois, au prix du charbon et à l'emploi des autres produits, cependant nous pensons qu'il faut attendre du tems et de l'expérience le jugement qu'on en doit porter.

Nous devons donc dans ce rapport, nous borner à parler des produits que MM. Mollerat ont remis à l'Institut, et à prononcer sur leurs qualités.

Ces produits sont : 1°. des goudrons simples et préparés ; 2°. des vinaigres de différentes sortes ; 3°. du carbonate de soude cristallisé ; 4°. des acétates d'alumine, de cuivre, de soude et de barite ; 5°. du muriate d'alumine ; 6°. de l'oxide et du carbonate de zinc. Nous allons rendre compte successivement des examens que nous avons faits de chacune de ces matières.

Des goudrons.

Les goudrons tels qu'on les obtient par la carbonisation du bois ne sont pas susceptibles d'être employés ; ils retiennent une quantité d'acide qui les rend solubles dans l'eau ; quand ils ont été lavés et épaissis par le feu, ils résistent davantage, mais ils ne sont pas encore entièrement inattaquables par l'eau.

MM. Mollerat assurent qu'en y mêlant

un cinquième de poix résine, ils acquièrent une qualité qui les rend propres aux mêmes usages que le goudron ordinaire. Ils disent qu'on en a déja fait des essais en grand sur le canal de Bourgogne dont on est très-satisfait. Cent kilogrammes de bois en fournissent suivant eux, 25 à 30 kilogrammes. Ce produit, quand même il n'auroit pas toutes les qualités desirables, pourroit être en ce moment d'une grande utilité pour notre marine, vu la difficulté de faire venir du Nord les goudrons dont nous avons besoin.

Le Ministre de la marine pourroit facilement s'assurer de la qualité de cette substance, en faisant faire des essais en grand à Paris, ou dans quelques ports de mer.

Des vinaigres.

MM. Mollerat ont présenté quatre sortes de vinaigres, savoir : du vinaigre simple, du vinaigre aromatique, du vinaigre vineux et du vinaigre fort.

Ces acides sont parfaitement blancs et transparens ; ils ne contiennent aucune trace d'acides étrangers, ni aucune base salifiable ; ainsi on doit les regarder plutôt comme de véritables acides acétiques distillés qui ont différens degrés de force.

Ils ne contiennent point, comme le vinaigre ordinaire, du tartre, de l'acide malique, de la matière résineuse et extractive; aussi ne sont-ils pas aussi doux, aussi moëlleux, s'il nous est permis de nous exprimer ainsi; ils sont plus vifs, plus pénétrans. Ils ont quelque chose d'analogue aux acides minéraux, et sur-tout avec le vinaigre radical qui nous paroît en faire la base.

Le vinaigre qu'ils appellent simple donne deux degrés foibles à l'aréomètre pour les sels à 12° de température centigrades. Son odeur et sa saveur sont beaucoup plus fortes que celles du vinaigre de meilleure qualité, il a quelque chose de piquant et même d'irritant qui est incommode. Les réactifs les mieux appropriés n'y ont démontré ni acides minéraux, ni chaux, ni cuivre, etc.

Le vinaigre aromatique qu'ils nous ont remis étoit composé avec l'estragon. Son odeur étoit très-agréable et bien proportionnée, sa densité étoit la même que celle du précédent; mais malgré son arôme, il a encore le défaut de pincer et d'irriter la bouche plus fortement que le vinaigre ordinaire.

Le vinaigre vineux, c'est ainsi que l'appellent MM. Mollerat, est le même que le vinaigre simple auquel ils ont ajouté une certaine quantité d'alcool; aussi a-t-il une odeur très-sensible d'éther acétique, et quoique l'alcool adoucisse un peu sa saveur piquante, cependant il en conserve encore une très-marquée.

La 4e. sorte appelée vinaigre fort, n'est absolument que de l'acide acétique portant 10 degrés et demi à l'aréomètre. Il est très-blanc, très-clair et très-pénétrant. Il n'a aucunement l'odeur d'empyreume comme l'a quelquefois celui que l'on fait par les moyens ordinaires; enfin il est très-bon. Il paroît que c'est lui qui, joint à de l'eau et à divers aromates, sert de base à ceux dont nous venons de parler. Si, comme ils le promettent, MM. Mollerat peuvent le mettre dans le commerce à raison de 8 à 9 francs la livre, ils rendront un grand service à la pharmacie et à tous les arts qui emploient cette marchandise; car celui qu'on retire par la distillation du verdet revient au moins à 16 francs.

Si ces vinaigres ne sont pas, au moins suivant nous, aussi agréables au goût que les bons vinaigres de vin, ils sont plus agréables à l'œil par leur blancheur et leur limpidité, et ont sur les autres cet avantage précieux de ne point se pourrir en se décomposant.

Carbonate de soude.

Ce sel est parfaitement blanc et transparent; les épreuves auxquelles nous l'avons soumis ne nous y ont rien fait découvrir d'étranger à sa composition.

Nous observerons à cet égard, que pour obtenir le carbonate de soude à ce degré de pureté, il faut répéter un assez grand nombre de fois la dissolution et la cristallisation, ce qui augmente beaucoup son prix; et que pour la plupart des usages auxquels ce sel est employé, on n'a pas besoin de cette pureté parfaite.

Cet article doit faire, en ce moment, une des fabrications les plus importantes de l'établissement de MM. Mollerat, s'ils peuvent soutenir la concurrence avec les autres fabriques de ce genre, puisque les alcalis sont montés aujourd'hui à un prix excessif, à cause de la difficulté des arrivages. MM. Mollerat devront donc, pour envoyer cette marchandise dans les lieux où la consommation s'en fait, la sécher fortement. On économisera par ce moyen environ les soixante centièmes des frais de transport.

Des acétates.

L'acétate d'alumine est, comme on sait, le mordant le plus souvent employé par les fabricans de toiles peintes, pour fixer les couleurs sur les étoffes. Mais il est nécessaire pour certaines teintures qui doivent avoir du brillant et de l'éclat, que ce mordant soit très-pur. C'est pourquoi jusqu'à ces derniers tems, où nos fabriques d'alun travailloient moins bien, on a employé de l'alun de Rome pour le préparer.

Celui qui nous a été remis par MM. Mollerat ne possède pas parfaitement cette qualité; il contient une quantité assez considérable de sulfate de chaux et de fer. Ce dernier est surtout nuisible dans l'emploi dont nous venons de parler; il a sans doute été composé par l'acétate de chaux et le sulfate d'alumine qui contenoit du fer; mais on évitera ce dernier, en se servant d'alun de bonne qualité.

L'acétate d'alumine de MM. Mollerat a encore l'inconvénient d'être trouble, et de contenir un dépôt assez considérable de matière blanche qui est sans doute de l'alumine, laquelle pourroit peut-être nuire à la pureté des dessins et au brillant des couleurs. MM. Mollerat doivent donc chercher les moyens d'obtenir ce sel parfaitement clair, en y conservant cependant toute la quantité d'alumine qu'il est susceptible de contenir.

Acétate de soude.

Ce sel est très-blanc, très-bien cristallisé et parfaitement pur. Cet article n'étant employé qu'en médecine, ne sera susceptible que d'une petite fabrication, à moins que les médecins ne le substituent à l'acétate de potasse dont il paroît avoir les effets.

Acétate de cuivre.

Cette substance est cristallisée sous la forme de petits grains dont la couleur verte paroît plus éclatante que celle du verdet ordinaire. Il est entièrement soluble dans l'eau, ne contient rien d'étranger à sa composition, et peut servir avec le même avantage que le verdet pour tous les usages auxquels ce dernier est employé.

Le prix seul décidera les artistes en sa faveur.

Acétate de barite.

Nous avons trouvé ce sel parfaitement pur ; mais ce n'est qu'un objet d'une utilité secondaire, cependant il seroit préférable à l'acétate de chaux pour préparer l'acétate d'alumine, s'il n'étoit pas trop cher.

Muriate d'alumine.

Plusieurs savans qui ont écrit sur la teinture, ont annoncé que le muriate d'alumine leur paroissoit devoir être préférable à l'alun pour fixer les couleurs sur les étoffes, et c'est sans doute pour remplir cet objet que MM. Mollerat ont préparé cette substance.

L'échantillon qu'ils nous ont remis est excessivement acide. Il contient beaucoup de chaux et d'oxide de fer, ce qui le rendroit incapable de servir à plusieurs espèces de teintures.

Oxide et carbonate de zinc.

L'oxide de zinc est d'un blanc sale, il contient de l'oxide de fer et une petite quantité d'acide carbonique, qu'il a peut-être reprise depuis qu'il a été calciné.

Le carbonate de zinc est un peu plus blanc.

Cependant il contient aussi du fer; mais l'acide carbonique masque sa couleur.

MM. Mollerat, conformément à l'idée qu'a donnée M. Guyton sur cet objet, proposent ces deux substances pour remplacer le plomb dans la peinture. Si elles n'en ont pas toutes les qualités, elles n'en ont pas non plus tous les inconvéniens relatifs à la santé.

Ces fabricans annoncent qu'outre ces différentes substances, la nature de leur établissement pourroit encore leur permettre de faire du blanc de plomb et du sel de Saturne, qui sont, comme on sait, d'une grande consommation.

Il résulte de ce que nous avons dit dans ce rapport, et sur-tout de ce qui est exposé dans le mémoire de MM. Mollerat, qu'au moyen des machines qu'ils ont découvertes, ou au moins perfectionnées, ils tirent du bois une quantité double de charbon de celle que donnent les procédés ordinaires de carbonisation. Que ce charbon est d'une qualité supérieure, puisque suivant eux, il évapore un dixième d'eau de plus que le charbon commun.

Qu'ils tirent en même tems d'un mètre cube de bois cent litres de liqueur acide, et 25 à 30 kilogrammes d'huile épaisse, qui, préparée convenablement, peut remplacer le goudron.

Qu'avec cet acide, ils préparent des vinaigres de table de bonne qualité, et différens sels plus ou moins utiles dans les arts et dans la médecine.

Il est plusieurs points sur lesquels, comme nous l'avons dit plus haut, nous ne pouvons donner d'avis, puisque nous ne les connoissons que d'après ce qu'en disent les auteurs. Nous nous bornerons donc à juger les résultats qui ont été mis sous nos yeux, et nous dirons à cet égard que, excepté un petit nombre, ils sont aussi parfait que l'art peut le permettre.

Cependant, s'il nous étoit permis, sans tirer à aucune conséquence, de raisonner d'après de simples apperçus, et sur quelques probabilités, nous dirions qu'il est vraisemblable que l'établissement de MM. Mollerat, sagement administré, aura du succès; que dans tous les cas, il ne peut qu'être utile aux arts qui en pourront tirer des produits purs et à meilleur marché; que sous tous les rapports, on doit leur savoir bon gré des efforts et des frais qu'ils ont faits pour appliquer en grand les principes et les connoissances que leur a fournis la chimie.

Au surplus, on peut s'étayer à cet égard de quelques établissemens du même genre qui ont existé et qui existent peut-être encore. L'on sait, par exemple, qu'aussitôt que la chimie eut trouvé que l'acide fourni par le bois étoit de la nature du vinaigre, il se forma en Angleterre des fabriques où l'on retiroit cet acide, en même tems que le goudron, par la carbonisation du bois dans des vaisseaux fermés.

On sait encore que M. Lebon, auteur des thermolampes, avoit fait en grand, dans les forêts nationales, l'application de son principe; et que son établissement, suivant le rapport d'hommes dignes de foi, n'auroit pas manqué de prospérer, si la mort ne l'avoit surpris au milieu de ses travaux.

Fait à la Classe des sciences physiques et mathématiques de l'Institut le 15 février 1808.

La Classe approuve le rapport et en adopte les conclusions.

OBSERVATIONS

Présentées par M. J.-B. Mollerat, à l'Institut sur son rapport du 15 février 1808.

Le rapport fait à la classe des sciences physiques et mathématiques, le 15 février dernier, par la commission composée de MM. Berthollet, Fourcroy et Vauquelin, sur un mémoire et des échantillons que j'ai fait présenter le 11 janvier, m'oblige, messieurs, à vous demander la permission de vous occuper encore une fois de la distillation du bois et de l'usage de ses produits.

Le rapport qui me fait présenter ce second mémoire, mérite mes remercimens, lorsqu'il reconnoît la pureté des matières que j'ai su produire immédiatement avec l'acide pyro-ligneux, et qu'il signale l'utilité de ces objets pour les arts et l'influence favorable que doit avoir sur eux un atelier qui donne une grande variété de fabrications nouvelles à bas prix.

Cependant j'ose réclamer sur quelques parties essentielles de ce rapport, qui laissent dans l'incertitude ce qu'il y a d'absolument neuf dans ce travail et particulièrement à quel auteur il doit être attribué.

Ce dernier point intéresse moi seul, l'autre appartient à mon pays autant qu'à moi-même, car si mon travail a quelque chose d'utile et d'honorable, il est juste qu'il soit reconnu que ce ne sont pas les Anglais qui ont la priorité dans ces découvertes, comme quelques expressions du rapport sembleroient pouvoir le laisser présumer.

Le mémoire et les échantillons présentés le 11 janvier, l'ont été au nom de Jean-Baptiste Mollerat, administrateur des établissemens du Creuzot, titulaire de deux brevets d'invention sur la distillation du bois, le premier ayant pour objet un appareil distillatoire nouveau, considérable, bâti en argile ; l'autre, l'emploi de l'acide pyro-ligneux à une fabrication artificielle de soude et à celle de vinaigre de table pur, etc.

Le rapport qui vous a été fait après l'examen du mémoire et des échantillons que j'ai donnés, cite constamment MM. Mollerat; cependant plus de cent individus portent en France le même nom que moi; il y a donc confusion à cet égard, et je prie l'Institut d'ordonner la rectification nécessaire à ce sujet.

Je ne doute pas non plus que l'Institut ne daigne par une déclaration formelle, attribuer à mon travail l'absolue purification de l'acide pyro-ligneux et son emploi varié, que ni les Anglais, ni les nationaux ne peuvent réclamer.

Sans s'occuper de la manière neuve dont j'ai appliqué le calorique dans mon appareil distillatoire, la nature du vase en fait constamment un objet neuf, et non pas un perfectionnement de ceux employés jusqu'à ce jour, qui tous sont métalliques et de petite capacité.

Enfin le rapport contient une erreur que je pourrois nommer typographique, qu'il est cependant essentiel de rectifier, parce qu'elle pourroit laisser croire que j'ai exagéré singulièrement la vérité.

Il dit que 100 kilogr. de bois fournissent, suivant eux (MM. Mollerat) 25 à 30 kilogr. de goudron; mon mémoire annonce que c'est un mètre cube qui donne cette quantité d'huile végétale.

D'ailleurs, le rapport a levé mes incertitudes sur un des objets essentiels de mes fabrications, et j'ai fait usage de ses avertissemens pour donner un vinaigre de table qui plaise mieux au public, que celui que j'avois présenté.

Le rapport accuse mon vinaigre examiné, d'avoir une vivacité trop active, la pureté absolue de l'acide acéteux devoit nécessairement porter ce caractère, et j'avoue que j'avois sacrifié mon opinion et mon goût particulier pour donner un acide éminemment doué de cette précieuse qualité.

Mon double but alors étoit de fournir une matière imputrescible pour la table, et chimiquement pure pour les arts, maintenant pour me conformer aux goûts usités, je vais faire le sacrifice d'une partie de cette qualité pour tempérer la vivacité de mon vinaigre, auquel je conserverai cependant sa beauté, son imputrescibilité et sa salubrité.

Il me seroit facile de donner à mon vinaigre la nuance absolue de moëlleux, qui appartient au vinaigre de vin; mais alors mon vinaigre sali par des matières végétales, auroit les mêmes inconvéniens que celui de vin, il deviendroit pourrissable comme lui ; et j'aurois détruit la qualité qui obtiendra certainement au mien la préférence sur celui-ci dans l'usage d'une consommation qui doit s'étendre au-delà des bornes de notre continent.

Une variété considérable dans la fabrication, la présence de $\frac{1}{300}$ de soude environ, celle de $\frac{1}{3000}$ de sulfate de chaux, quelques atômes de matières végétales dans l'acide acéteux fort, servent à produire un vinaigre qui a plus d'agrément, plus de moëlleux, et qui est très-différent enfin de celui que j'ai présenté d'abord. Il se rapproche davantage de ceux dont la consommation est usitée. Cet acide acéteux fort, uni à sept parties d'eau, donne un vinaigre de table qui sature 23 de carbonate de soude, lorsque le meilleur du commerce, celui de Gouvenain, sature 22.

Ce vinaigre contient seulement $\frac{1}{2400}$ de soude et $\frac{1}{24000}$ de sulfate de chaux, quantités inappréciable.

Le prix de cet acide fort demeure fixé à 12 fr. le kilogr. ; c'est-à-dire à un tiers au-dessous de celui auquel il avoit été annoncé lors du rapport fait à la Commission.

Nota. Il faut observer que les eaux de rivière ou de puits, auxquelles on mélange l'acide fort pour faire le vinaigre de table, contiennent presque toujours du sulfate de chaux, et du carbonate de chaux, et que ces deux sels doivent figurer dans le résidu que donnent mes vinaigres, par l'analyse.

IIe. RAPPORT

Fait à l'Institut, dans sa séance du 9 mai 1808, sur l'établissement de M. J.-B. Mollerat; par MM. Fourcroy, Berthollet *et* Vauquelin.

M. Mollerat a adressé dernièrement a la Classe une lettre, dans laquelle il fait des réclamations sur une légère erreur et quelques omissions qui se trouvent dans le rapport que nous avons fait MM. Fourcroy, Berthollet et moi, sur un mémoire qu'ils ont précédemment communiqué à l'Institut, ayant pour objet la distillation du bois en vaisseaux clos, la quantité et la qualité des produits qu'ils en retirent.

La Classe nous ayant renvoyé cette lettre, pour que nous examinions les réclamations qu'elle renferme et y faire droit, si nous les trouvions fondées, nous allons les rappeler et y répondre successivement.

La première porte sur le nom de l'auteur que nous avons exprimé simplement par *MM. Mollerat*, au lieu que pour éviter la confusion, il auroit fallu dire *Jean-Baptiste Mollerat*.

La deuxième a pour objet la quantité de goudron que le bois fournit à la distillation, qui est d'environ 30 kilogrammes sur 350 kilogrammes de bois, au lieu de 30 pour cent que nous avons annoncé. Ceci ne peut être qu'une erreur de plume.

Par la troisième, ils demandent qu'il soit expressément déclaré que jusqu'ici personne n'a porté en grand la purification du vinaigre de bois à un aussi haut degré qu'eux. Sans pouvoir assurer positivement que cela soit, nous dirons que nous n'en avons pas connoissance.

Nous avons dit dans notre rapport, que le vinaigre de bois, quoique très-pur, avoit une acidité trop mordante, et qu'il manquoit du moëlleux qui distingue le bon vinaigre de vin. M. Mollerat a essayé de lui donner cette qualité ; mais nous n'avons pas trouvé dans les échantillons qu'il nous a remis une différence bien sensible à cet égard d'avec le premier.

Ainsi en lisant notre premier rapport, il faudra entendre par MM. Mollerat, Jean-Baptiste Mollerat, administrateur des établissemens du Creuzot ; il faudra substituer à 100 kilogrammes de bois, 350 kilogrammes de ce combustible pour avoir 30 à 35 kilogrammes de goudron ; il faudra enfin ajouter que Jean-Baptiste Mollerat est le premier qui à notre connoissance, ait en manufacture obtenu le vinaigre de bois à un état de pureté aussi grand ; mais que quant à l'amélioration qu'il prétend avoir fait à la saveur de son vinaigre, nous n'avons pu l'appercevoir d'une manière bien sensible.

La classe approuve le rapport et en adopte les conclusions.

Paris, le 10 octobre 1808.

LE MINISTRE DE L'INTÉRIEUR,

COMTE DE L'EMPIRE,

A M. J. B. Mollerat, en ce moment à Paris.

Je vous adresse, Monsieur, une copie de l'avis de la Classe des sciences physiques et mathématiques de l'Institut, en date du 26 septembre, sur l'objet de votre discussion avec tout ou partie des vinaigriers des villes de Paris, Dijon, Châlons-sur-Saône et Orléans.

Je vous préviens qu'à la suite de cet avis, j'ai écrit à M. le Maître des requêtes, Préfet de la Côte-d'Or, que je confirmois son arrêté du 1er. juillet dernier, lequel est en votre faveur.

J'ai l'honneur de vous saluer,

Signé, CRÉTET.

INSTITUT DE FRANCE.

Extrait du procès-verbal de l'Institut de France, classe des sciences physiques et mathématiques, séance du lundi 26 *septembre* 1808.

La Classe nous a chargé de lui proposer une réponse aux trois questions qui lui ont été adressées par S. Ex. le Ministre de l'Intérieur, relativement à l'acide pyro-ligneux préparé par MM. Mollerat ; après avoir soigneusement examiné ces trois questions, voici comment nous pensons que la Classe doit y répondre.

Première Question.

Sous les rapports de définition, l'acide pyro-ligneux peut-il être désigné par la dénomination de vinaigre de bois ?

Réponse.

D'après la stricte étymologie du mot vinaigre, l'acide acétique qu'on retire du bois ne devroit pas être appelé vinaigre, parce qu'il n'est pas fait avec le vin, et parce qu'il n'est pas entièrement semblable au vinaigre de vin.

Cependant on a étendu cette dénomination à l'acide que l'on tire du cidre, du poiré, de la bière etc., quoiqu'il ne ressemble pas non plus entièrement au vinaigre de vin.

Tous les vinaigres doivent la plus grande partie de leur force à l'acide acétique; mais le vinaigre de vin contient, en outre du tartre, un peu d'acide malique, d'alcool et de matière colorante. Ceux de cidre et de poiré ne contiennent que de l'acide malique, peu ou point d'alcool et une matière colorante jaune : il n'y a dans celui de bière qu'une matière végéto-animale, dissoute par l'acide acétique.

L'acide du bois est entièrement formé d'acide acétique, le même qui fait la base du vinaigre de vin, et si ce dernier tenoit son nom de la présence de son acide le plus abondant, assurément l'acide du bois mériteroit, plus que tous les autres, le nom de vinaigre.

Le vinaigre de vin n'est donc lui-même que l'acide acétique, auquel sont mêlées différentes matières étrangères qui ne font qu'émousser son acidité, et c'est pour cette raison que l'acide du bois est, à force égale, plus piquant que lui ; les vinaigres de cidre et de bière ne sont non plus que de l'acide acétique mêlé à une petite quantité d'acide malique, d'alcool, et de matière végéto-animale.

Une liqueur sucrée ou spiritueuse qui ne contiendroit ni tartre, ni acide malique, ni matière colorante, et qui pourroit être convertie en vinaigre par la fermentation, seroit sans doute appelée vinaigre ; cependant elle ressembleroit beaucoup plus à l'acide du bois qu'au vinaigre de vin.

Le vinaigre de vin dont on a séparé le tartre, la matière colorante et l'acide malique par la distillation, est dans le même état que l'acide du bois purifié, et cependant on l'appelle vinaigre distillé ou acide acétique. Plusieurs vinaigriers de Paris le vendent même sous le nom simple de vinaigre.

Deuxième Question.

Sous le point de vue de la salubrité, cet acide partage-t-il les avantages du vinaigre de vin ? Est-il, comme le vinaigre, sans inconvénient ; son usage n'offre-il rien de nuisible à l'économie animale ?

RÉPONSE.

L'acide du bois étant de l'acide acétique pur, ne présente rien que de salubre pour l'économie animale, et s'il est toujours préparé avec le même soin que celui qui a été présenté à l'Institut par MM. Mollerat, l'on pourra avec sûreté l'employer à tous les usages auxquels sert le vinaigre de vin.

TROISIÈME QUESTION.

Peut-on, dès-lors, sans conséquence, permettre que sous le nom de vinaigre, cet acide soit mis dans la consommation en concurrence avec le vinaigre de vin et pour l'usage de la table?

RÉPONSE.

Puisque l'acide acétique du bois ne peut être, en aucune manière, nuisible à la santé, l'on peut permettre, sans conséquence, qu'il soit mis dans la consommation; quant à la dénomination de vinaigre de bois, on n'est point dans l'usage de distinguer les vinaigres par les noms des substances d'où ils tirent leur origine; ainsi l'on ne distingue point, par des noms différens, les vinaigres fabriqués avec le cidre, le poiré, la bière, l'alcool, la gomme, l'amidon etc. quoiqu'ils *soient* employés aux mêmes usages que le vinaigre de vin.

Signé, FOURCROY, BERTHOLLET, VAUQUELIN.

La Classe approuve le rapport et en adopte les conclusions.

Certifié conforme à l'original.

Le Secrétaire perpétuel pour les sciences naturelles,

Signé, CUVIER.

PROCÈS-VERBAL

Sur la carbonisation du bois, par un procédé de l'invention de MM. Mollerat.

Le 13 février 1807, sur l'invitation de M. Denis-Adélaïde Mollerat, nous soussignés Nicolas-Louis Vauquelin, membre de l'Institut, Jacques Cellerier, architecte, substituant M. Perrier, aussi membre de l'Institut, Alphonse-Jean Buffault, receveur-général du département de la Meuse, et Joseph Legras Bercagny, ancien administrateur : nous sommes rendus à St.-Hubert dans un local appartenant à M. Jean-Baptiste Mollerat, frère du sus-nommé, où il existe un établissement pour carboniser le bois, à l'effet par nous d'assister à une opération à faire sous nos yeux.

A neuf heures du matin du jour sus-indiqué, on a mis le feu à l'appareil ; le feu a duré sans interruption pendant 72 heures ; il a été employé pour l'alimenter, 1448 kilogrammes de menu bois sous forme de petits fagots appelés margotins, et le refroidissement s'est opéré en 48 heures.

Le chargement du four avoit occupé 4 heures à quatre ouvriers.

La quantité de bois soumise à la carbonisation dans l'appareil ci-dessus, étoit de cinq cordes de 90 pieds cubes pesant ensemble 6060 kilogrammes, c'étoit du chêne pelard de grosseur moyenne.

Les produits de l'opération ont été ainsi qu'il suit :

1°. En charbon 1674 kilogrammes et demi, qui, en mesure, ont fourni 46 voies et demie, le charbon étoit parfaitement cuit, sans aucun fumeron et d'une excellente qualité, d'après l'essai qu'en a fait M. Vauquelin, l'un de nous.

2°. De sept tonneaux d'acide de 250 litres chacun; dont six avoient six degrés de densité, et un sept. Ce qui fait en tout 1750 litres de cet acide.

3°. Un tonneau de goudron pesant 250 kilogrammes.

Le déchargement du charbon a duré trois heures et demie, et a été fait par quatre ouvriers.

La construction peu dispendieuse de l'appareil ou fourneau est telle, que la chaleur se répand assez également dans toutes ses parties, et que le bois se trouve carbonisé, à très-peu près, au même moment.

Les calorifères sont disposés de manière que la presque totalité de la chaleur est employée à la carbonisation du bois, et qu'il ne s'en perd que très-peu à l'extérieur.

Cependant M. Mollerat a imaginé dans les calorifères une autre disposition dont il nous a fait voir les plans. Cette disposition, d'après la théorie, paroît devoir apporter dans les opérations une économie de combustible et de tems.

L'appareil de M. Mollerat réunit la simplicité à la solidité ; construit en brique et en terre, sans fer ni pierre de taille, il peut s'exécuter facilement partout, et n'occupe que peu d'espace.

Les parties volatiles qui se dégagent du bois pendant sa carbonisation, trouvent une issue facile, se conduisent et se séparent ensuite dans des récipiens aussi simples que solides.

Enfin, tout est si bien conçu et prévu dans cet appareil, qu'il peut être conduit sans aucun danger par un ouvrier d'une intelligence très-ordinaire ; il a encore cet autre avantage de donner des signes, moyennant lesquels on reconnoît avec certitude l'instant où le charbon est fait ; de sorte qu'il est impossible de manquer jamais l'opération, comme cela arrive quelquefois par la méthode ordinaire.

L'opération dure environ cinq jours; savoir, trois pour la carbonisation, et deux pour le refroidissement, cinq ouvriers y sont occupés pendant 5 jours ; et un ouvrier pendant trois nuits, ce qui fait en tout 28 journées de travail, mais nous observons, que si l'on avoit fait rouler à la fois les quatre fourneaux qui existent dans l'établissement, un ouvrier de plus auroit suffi, ce qui auroit réduit la dépense, en ce genre, à un tiers de ce qu'elle a coûté.

Les dépenses de l'opération faite sous nos yeux ont donc été :

SAVOIR:

1°. Cinq cordes de bois de 8 pieds de couche, 4 pieds et demi de haut, et 2 pieds et demi de long, pesant 6060 kilogrammes.

2°. 1448 kilogrammes de margotins (menu bois).

3°. 28 journées d'ouvriers.

Mais dans une opération roulante il faudroit retrancher, comme nous l'avons dit plus haut, les deux tiers de la dépense en ouvriers.

Et les produits consistent :

SAVOIR:

1°. 1674 kilogrammes et demi de charbon qui forment 46 voies et demie, mesure de Paris.

2°. Sept tonneaux d'acide dont six à 6 degrés, et un à 7, contenant chacun 250 litres.

3°. Un tonneau de goudron pesant 250 kilogrammes.

En comparant la méthode de M. Mollerat à l'ancienne, l'on trouve évidemment qu'elle donne une quantité double de charbon, et qu'elle produit de grandes quantités d'acide et de goudron, entièrement perdues dans le procédé ordinaire. Cette nouvelle méthode, à la vérité, exige un plus grand nombre d'ouvriers, et une certaine quantité de menu bois pour chauffer le fourneau; mais ce menu bois n'a que très-peu de valeur loin de Paris et des grandes villes; d'ailleurs la plus grande quantité de charbon, sans compter les acides, le goudron et les braises que l'on retire, est bien plus que suffisante pour couvrir l'excédant de dépense.

L'acide que produit le bois en se décomposant est une sorte de vinaigre huileux qui est déja employé avec beaucoup plus d'avantage que le vinaigre ordinaire pour plusieurs espèces de teintures sur toutes sortes d'étoffes, et particulièrement pour les toiles de coton. Il est également probable qu'il pourra être employé après avoir subi quelques préparations peu coûteuses pour fabriquer de la céruse, du sel de Saturne, et peut-être du vert-de-gris, objets d'une consommation considérable.

Nous espérons même, d'après des échantillons purifiés par M. Mollerat, et qu'il nous a présentés, que cette espèce de vinaigre pourra servir dans l'économie domestique à tous les usages auxquels le vinaigre ordinaire est employé.

Le goudron n'est point un produit moins intéressant que l'acide; lorsqu'il a été lavé, et qu'il a subi une opération très-simple, il ne se dissout nullement dans l'eau, et les essais qu'on en a déja faits sur des bateaux, et dont on a été content, ne permettent guère de douter qu'on ne puisse s'en servir avec succès pour la marine militaire et marchande.

Il est évident que par son procédé M. Mollerat a vraiment doublé le produit en charbon d'une quantité de bois comparativement à celle qu'on obtient par le procédé ordinaire; résultat infiniment plus important pour l'Etat et la société, que s'il dépendoit d'une simple économie sur la main-d'œuvre, puisque de là doit s'ensuivre nécessairement l'économie des bois, et la diminution de leur prix; et si nos espérances, que nous croyons bien fondées, se réalisent, il fournira à la marine une quantité de goudron suffisante à ses besoins, et nous affranchira du tribut considérable que nous payons aux étrangers pour cet objet ; il donnera aussi aux arts et aux manufactures, à un prix très-modique, un acide susceptible de remplacer le vinaigre commun dans un grand nombre d'opérations ; cette substitution pourra faire baisser le prix des préparations où cet acide entre, ce qui nous permettra d'exporter nos vinaigres de vin, etc.

Fait et arrêté à la charbonière de Saint-Hubert, où nous avons séjourné depuis le vendredi 13 février 1807, jusqu'au mardi 17 du même mois, le tout inclusivement.

Signé A. Buffault, Vauquelin, Bercagny et Cellerier.

Nota. Le procès-verbal fait sur la carbonisation du bois à St.-Hubert par MM. Buffault, Bercagny, Cellerier et Vauquelin, qui seul a été depuis membre de la commission de l'Institut qui a examiné le mémoire que j'ai présenté à ce sujet, ne doit pas être considéré comme le rapport le plus exact de ce que produisent mes ateliers.

Celui de S[illegible]nt-Hubert est le berceau de

l'art ; celui qui existe à Pellerey, est plus parfait, la carbonisation y est terminée en 48 heures avec une consommation dans les foyers huitième du bois qui est enfermé également dans la charbonière.

J. B. M.

Sur les cendres de soude et carbonate de soude cristallisé de la manufacture de Pellerey, près Nuits, département de la Côte-d'Or.

M. Descroizilles aîné, célèbre manufacturier-chimiste de Rouen, a publié en l'an 1806 une notice sur les alcalis du commerce, dans laquelle il démontre de quelle importance il seroit pour les consommateurs de pouvoir ne payer jamais les soudes et les potasses du commerce qu'en raison de la quantité effective d'alcali qu'elles contiennent, et il donne des formules certaines, pour reconnoître la richesse de chacune de ces matières.

M. Descroizilles dit, que 25 années d'usage et plusieurs milliers d'essais lui ont appris que les soudes d'Alicante varient dans les proportions de leurs élémens, de telle manière, que quelquefois la lessive de 100 parties de cette soude sature jusqu'à 33 parties d'acide sulfurique à 66 degrés; tandis que d'autres fois la lessive de 100 parties d'autre soude du même pays, ne sature que 20 parties du même acide.

Les consommateurs qui ne prennent pas les précautions indiquées par M. Descroizilles pour n'être pas dupes, sont donc exposés à des erreurs qui peuvent s'élever jusqu'à 40 pour $\frac{0}{0}$. Ces erreurs sont non-seulement l'objet d'une perte considérable sur le prix de la soude, mais elles peuvent être encore la cause d'une multitude de désordres dans plusieurs fabrications.

Les cendres de soude de la manufacture de Pellerey n'ont pas les inconvéniens ordinaires des soudes du commerce; leur richesse est constante, car le mode de leur fabrication ne permet que 2 à 3 pour $\frac{0}{0}$ de variation dans les proportions de leurs élémens.

Les résultats moyens d'une grande quantité d'analyses de ces cendres, sont pour 100 parties :

Carbonate de soude desséché	76 à 78 (1).
Carbonate de chaux.	10 à 15.
Sulfate de soude desséché.	2 à 4.
Charbon.	2 à 4.
Eau.	2 à 3.

On peut donc assurer que l'alcali qui existe dans une quantité de ces cendres, est égal à celui contenu dans deux quantités et un tiers des meilleures soudes d'Alicante qui saturent 33 d'acide sulfurique, ou dans deux quantités et demie de soude moyenne d'Alicante qui ne sature que 30 du même acide.

Les cendres de soude de Pellerey ont sur la soude d'Alicante les avantages d'être très-faciles à pulvériser, de ne contenir que 20 p. $\frac{o}{o}$ de résidu solide, au lieu de 70 p. $\frac{o}{o}$, ce qui les rend trois fois et demie plus aisées à lessiver ; d'ailleurs elles contiennent moins de sulfures calcaires et alcalins, et sont aussi peu chargées de fer.

Le carbonate de soude cristallisé de Pellerey est absolument sans couleur et sans mélange de sulfites, ni de sulfates ; il sature

---

(1) Représenté par la saturation de 76 à 78 parties d'acide sulfurique à 66 degrés.

36 parties d'acide sulfurique, ce qui indique le terme de pureté le plus élevé.

Nota. La manufacture impériale de glaces de St.-Gobin fait usage de la cendre de soude de Pellerey, elle convient qu'elle en obtient les plus beaux résultats, et par un travail très-facile.

Quelques fabriques de savon se servent aussi de cette soude et la préfèrent à toutes celles du commerce.

VINAIGRES

De la manufacture de Pellerey, près Nuits, département de la Côte-d'Or.

La manufacture livre à l'état fort l'acide qui produit le vinaigre, en y ajoutant l'eau et les parfums convenables.

L'acide nº. 1er., très-fort, équivaut en pharmacie au vinaigre radical; il sert à faire les flacons de sel de vinaigre.

Une bouteille de cet acide, mêlée avec sept bouteilles d'eau pure, produit huit bouteilles de vinaigre aussi fort que celui accommodé à la manufacture pour la table ; il sature 166 de sous-carbonate de soude.

L'acide n°. 2, fort aussi, avec six bouteilles d'eau, donne sept bouteilles de vinaigre ; il sature 140 de carbonate de soude.

Ces deux acides doivent être préférés pour les envois éloignés et d'outre-mer. La richesse considérable de cette matière sous un petit volume, en rend le transport facile et économique.

La manufacture donne une formule certaine aux personnes qui veulent parfumer les vinaigres qu'elles peuvent composer avec les acides forts, n°s. 1 et 2. Avec cette formule, ou même avec les parfums tout préparés que donne la manufacture, on peut obtenir les mêmes résultats que la manufacture elle-même.

Les acides forts sont propres

A fortifier les vinaigres communs.

A remplacer dans la teinture le vinaigre radical et l'acide du citron.

OBSERVATIONS

SUR L'ACIDE ACÉTIQUE,

Envoyées à M. Berthollet *dans le courant de mars* 1808, *par M. J.-B. Mollerat.*

L'examen de quelques acides acétiques m'a fait voir que la puissance de cette matière n'étoit pas exprimée d'une manière régulière par sa densité.

Preuve par deux acides très-purs.

L'acide du flacon n°. 1, marque 9° à l'aréomètre; sa pesanteur spécifique est de 106,30. Température 12°, 5. + o *R.*

L'acide du flacon n°. 2, marque également à la même température 9° de l'aréomètre; pesanteur spécifique 106.30.

Ces acides sont en apparence de valeurs identiques; cependant:

Le n°. 1 est composé de 0,87125 acide,
et 0,12875 eau.

Il sature 250 de sous-carbonate de soude cristallisé.

Et le n°. 2 est composé de 0,41275 acide,
et 0,58725 eau.

Il sature 118 de sous-carbonate de soude cristallisé.

Le n°. 1 se cristallise entièrement entre 10 et 11°+0 *R*, et fond difficilement même à 18°.

Le n°. 2 ne cristallise pas à plusieurs degrés au-dessous de zéro.

L'acide n°. 1 est le plus fort que j'aie pu obtenir, et je crois le plus pur qui puisse exister. Il est sans empyreume, etc., etc.

A cet état, cet acide se distille avec très-peu de feu et une extrême rapidité sans bouillir.

Le flacon n°. 2 est artificiellement composé d'acide pareil à celui n°. 1, avec une addition d'eau distillée indiquée par le calcul, qui a déterminé de la manière la plus exacte quelle devoit en être la quantité nécessaire pour produire 9, *densité*, et 118, *richesse* de l'acide qui sature cette quantité de sous-carbonate de soude.

Ayant remarqué qu'un acide acétique qui saturoit 250 de sous-carbonate de soude et cristallisoit entre 10 et 11° + o *R*, ne marquoit que 9° à l'aréomètre, tandis qu'un autre acide qui marquoit 11°.1 étoit incristallisable même à 4 + o *R* et ne saturoit que 186,25 de sous-carbonate de soude;

J'ai présumé :

1°. Que l'aréomètre ne pouvoit être une mesure pour l'acide acétique qu'après des conclusions préliminaires;

2°. Qu'il devoit exister un terme nécessairement reconnoissable par l'aréomètre, où l'acide effectif se trouvoit avec l'eau dans une proportion telle, qu'il pouvoit exercer d'une manière sensible une de ses propriétés physiques insensible auparavant;

3°. Que cette propriété devoit être une dilatabilité plus grande que celle de l'eau;

4°. Que cette dilatabilité apparente lorsque l'acide étoit avec l'eau dans une proportion encore inconnue pour moi, devoit augmenter régulièrement à mesure que la quantité d'eau diminueroit dans le mélange ;

5°. Que l'aréomètre alors indiqueroit régulièrement la quantité d'acide acétique effectif dans un mélange en suivant une marche inverse et régulière.

Les expériences suivantes ont confirmé mes raisonnemens.

J'ai pris 110 gr. d'acide, n°. 1, cristallisable à 11° + 0 *R*, marquant 9° à l'aréomètre à 12°. 5 + 0 *R*.

Sa composition étant 0,87125 acide,
et 0,12875 eau.

Et celle d'un acide marquant 11,1° incristallisable à 4 + 0, *R*.

Etant 0,6565 acide,
et 0,3435 eau.

J'ai dû ajouter..... 35 gr., 941 d'eau distillée
aux..... 14 gr., 16 d'eau qui existoient déja dans les 110 gr. d'acide, n°. 1, afin qu'il y eût dans ce mélange, la quantité de 50 gr. 101 nécessaires pour produire un acide dont la composition fût

65,65 acide,
34,35 eau, semblable à celui marquant 11, 1°.

Lorsque j'ai eu ajouté 32 gr., 5 d'eau, aux 110 gr., n°. 1, le mélange a marqué 11°,5 à l'aréomètre, là s'est trouvé le point culminant de la densité de cet acide acétique à la température 12°, 5 + 0 *R*.

Sa composition étoit alors 0,6725614 acide,
et 0,3274386 eau.

En continuant d'ajouter de l'eau, j'ai descendu le mélange jusqu'à 9° de l'aréomètre, dans la même température; densité qui étoit celle de l'acide primitif de l'expérience, avant que j'eusse ajouté 112 gr., 2 d'eau, aux 14 gr., 16 qu'il contenoit déja.

Tableau de l'expérience faite sur 110 grammes d'acide acétique, n°. 1, marquant à la température 12°,5 + o R. 9° sur l'aréomètre, ayant pesanteur spécifique 106,30, sa richesse étant exprimée par la saturation de 250 de sous-carbonate de soude bien cristallisé pour 100 d'acide.

Nos.	Eau ajoutée.	Aréomètre.	Pesantr. spécifi.
1	10g.	10°,6	107,42
2	12,25	11,0	107,70
3	10,0	11,3	107,91
4	10,5	10,9	107,63
5	12,0	10,6	107,42
6	11,5	10,4	107,28
7	31,0	9,4	106,58
8	11,0	9,1	106,37
9	37,0	9,0	106,30
Eau ajoutée	112,2		

Chaque addition d'eau dans le mélange produisoit une élévation de température que je laissois dissiper, de manière que chaque terme de l'expérience n'a été noté qu'à la température de 12°, 5.

Une expérience particulière sur 100 gr. d'acide n°. 1, auxquels j'ai ajouté 102, gram. d'eau distillée, a démontré une augmentation de température marquée par 3° du thermomètre *R*.

On a ajouté d'abord 29 gr., 54 d'eau, la température a monté de 12°, 5 à 13°, 5.

On a ajouté ensuite 72 gr., 46 d'eau, et la température s'est élevée de 13°, 5 à 15°, 5.

CONCLUSION.

1°. L'ascension de l'aréomètre désigne la force de l'acide acétique jusqu'à ce que le mélange soit composé de

0,67,25614 d'acide,
Et 0,32,74386 eau.

Ce terme s'exprime à la température de 12,5 + o *R* par 11,3 sur l'aréomètre, pesanteur spécifique 107,91.

2°. La force de l'acide acétique depuis 11°.5 est désignée par l'abaissement régulier de l'aréomètre dans le mélange (1).

---

(1) J'ai répété une partie des expériences contenues dans ce Mémoire, et mes résultats ont peu différé de ceux qui y sont décrits.

(*Note de M. Berthollet. Ann. de chim.*, *sept.* 1808.)

www.ingramcontent.com/pod-product-compliance
Ingram Content Group UK Ltd.
Pitfield, Milton Keynes, MK11 3LW, UK
UKHW022134260726
13993UKWH00003B/1435